Vire a Mesa, Faça a Sua Vida
Autor: Lauro Trevisan
Lançamento: dezembro 2010
Capa: Andrey Lamberty

T814v Trevisan Lauro
Vire a mesa, faça a sua vida / Lauro Trevisan - Santa Maria : Editora da Mente, 2010.
64p.

ISBN: 978-85-7151-059-3

1. Poder da mente 2. Psicologia 3. Motivação
I. Título

CDU 159.962.7

Ficha Catalográfica elaborada pela Bibliotecária Eunice de Olivera – CRB 10/1491

EDITORA DA mente

Editora e Distribuidora da Mente
Caixa postal 559 – cep:97015-663
Santa Maria, RS, Brasil
Fone: (0xx55)3223.0202
Fax: (0xx55) 32217184
E-mail: mente@editoradamente.com.br
Autor:laurotr@uol.com.br
Site:www.editoradamente.com.br

LAURO TREVISAN

VIRE A MESA FAÇA A SUA VIDA

2ª edição

Editora da Mente
2013

*"Deve ter sido propósito do Eterno
encorajar o homem
a viver sua própria vida, ter
pensamentos próprios, caminhar
com seus próprios pés e alcançar seus
objetivos".*

Napoleon Hill

MESA ENFADONHA

Que bom que você não esteja satisfeito com a vida que leva! Muitos vivem a esmo, aos trancos e barrancos, dominados pela rotina, e nem pensam que tudo pode ser de outro modo. Outros já estão desiludidos, sem esperanças de coisa nenhuma e sequer se dão ao trabalho de imaginar que tudo pode ser diferente. Há ainda aqueles que querem sair fora de uma vida insossa e sem futuro, mas não têm coragem.

NÃO É TARDE NÃO

Muita gente, talvez seja o seu caso, gostaria de virar a mesa e partir para fazer a própria vida, mas entende que não é possível: ou está cuidando dos pais, ou de algum familiar enfermo, ou acha que já está velho demais, ou então se mete em enrascada e não consegue dar a volta por cima. E aí fica a mesa cheia de frustrações e desencantos.

NÃO QUER SE INCOMODAR

Existem pessoas que ficam na mesmice porque não querem se incomodar. Preferem deixar tudo como está para ver como é que fica. Afinal, argumentam, a situação não é boa, mas também não é o inferno.

– De mais a mais – dizem – se sair dessa vida, posso me dar mal e aí sim a vaca vai pro brejo, como diz o gaúcho. Dá para ir levando essa vidinha.

TAMBÉM NÃO QUER INCOMODAR

Certa vez, uma senhora me falou:
– Se eu viro a mesa e saio para viver e fazer o que quero, estarei magoando pessoas e isso não é do meu feitio. Prefiro renunciar e aguentar, a deixar alguém na mão.

A vida não é assim. Ninguém nasceu grudado no outro. Cada qual tem sua missão. Sua vida é sua vida, a vida do outro é dele.

FALTA CORAGEM

– *F*alta-me coragem – dizia-me um moço. – Aqui eu tenho que me sacrificar para fazer o que os outros mandam, mas também não me falta nada. Apenas sinto que assim não posso fazer meu caminho, formar-me, ter minha profissão, realizar meu sonho. Então, ele fica olhando para a mesa, com vontade de virá-la, mas falta-lhe coragem. Sem ousadia, o que é que se consegue de grande na face da terra?

SÓ QUEREM AGRADAR OS OUTROS

Conheço pessoas que só se preocupam em agradar a gregos e troianos, com medo de não serem aceitas e nem respeitadas. Mal percebem, se é que percebem, que justamente essa atitude é que as torna menos valorizadas, por não terem autodeterminação e nem personalidade própria. Nesse caso, os outros acham que podem usar e abusar delas.

NÃO SEI O QUE FAZER

– *P*ois é – me dizia um jovem – não sei que fazer.

Respondi-lhe:

– Se não sabe o que fazer, é preciso fazer o que não quer? Sua vida é sua ou pertence a algum vivente desse planeta?

Se não sabe o que fazer, não significa que tenha nascido sem ideal e sem missão. O reconhecimento desse vazio existencial já é um bom começo. Vamos pensar juntos.

NÃO SEI PARA ONDE IR

*U*m dia, uma senhora me observou:

– Concordo com você. Esta não é a vida que sonho, mas não sei para onde ir.

– Muito bem – disse-lhe – se não sabe para onde ir, chegará a lugar errado. Antes de tudo, é preciso estratégia para tomar o melhor rumo. Mas, se ficar por aí à sombra de alguém, está vendendo sua vida por um prato de comida. Você não é mais do que isso?

NO FUNDO DO POÇO?

Se você está fora de órbita, desesperado, acuado, desmoralizado, sem saída, com vontade de acabar com tudo, saiba que entre a derrota e a vitória há apenas uma palavra. Theófile Gauthier disse que "de todas as ruínas do mundo, a ruína de um homem é, sem dúvida, o espetáculo mais melancólico". Simplesmente porque, seja qual for sua ruína, você tem tudo para reerguer-se. Basta querer.

HORA DE SUBIR

Você não nasceu para morrer na ruína. Seu destino continua com a bênção do Infinito. Troque o desespero pela fé de que pode virar a mesa e recomeçar a caminhada vitoriosa. Quanto maior a queda, mais retumbante será sua vitória. Muitos estiveram em situação pior e deram a volta por cima. Tenha calma, ore a Deus, confie, Ele livrará você de todo mal e lhe dará vitória. Pois, Ele sempre atende como Pai.

SOFRER TAMBÉM ENSINA O CAMINHO

Realmente, sofrer não é nada bom. Por ser intolerável, força você a mudar logo de rumo. Isso é ótimo. Aprenda a lição da cana: só se torna açúcar depois de passar por grandes apertos. As lágrimas são beijos do coração, ensinamentos da mente e consolo de Deus. Faça como os bem-sucedidos: perderam, aprenderam, venceram.

ABRA OS OLHOS

Antes de virar a mesa, abra os olhos. Analise sua situação. Calcule quanto tempo de vida já perdeu nesse chove e não molha. Entenda que o tempo perdido não retorna para segunda chance. Imagine onde estaria se tivesse tomado uma decisão há dez ou cinco anos atrás. Ou no ano passado. Pelo menos, abra os olhos agora, use os neurônios inteligentes e pare pra pensar.

MEDO DE QUÊ?

Os medos são os demônios que atormentam as pessoas menos avisadas. Está com medo de quê? De passar fome? Jesus já dizia: *"Olhai as aves do céu, não semeiam nem colhem, o Pai que está nos céus lhes dá de comer. Não sois vós acaso mais do que as aves do céu?"*
O medo é um sacana de marca maior: obscurece a sua mente, aumenta o tamanho do perigo, só para dominar você!

DÊ UM JOELHAÇO NO MEDO

O único medo do medo é que você entre em lucidez. Lucidez vem de luz, e a luz apaga as trevas onde se escondia o medo para apavorar você. Grandes homens se tornaram grandes somente quando deram um chega pra lá no medo e resolveram realizar seus sonhos. O medo se pela de medo da ousadia. O pior adversário do medo é a coragem. Então, dê um joelhaço nele!

MESA CHEIA

Percebeu que está há anos sentado diante da mesa a olhar para os calhamaços de regras, preceitos, mandamentos, ordens, conselhos, recomendações, ditames e discursos e sermões e ameaças e solicitações e chantagens emocionais e obrigações e moralismos e bússolas para nortear a sua vida?

E você está com a cabeça do tamanho de um bonde.

OUTRAS MESAS TAMBÉM ESTÃO CHEIAS

Console-se, que não é só você que encara essa enxurrada de regras e modelos e modas e modismos. Não é só você que se desespera quando tem meio quilo a mais de peso, já que o charme é ser tanquinho.

Até você, que se considera independente e dono do seu nariz, vai ver que anda preocupado com etiquetas e grifes e padrões sociais.

A RELIGIÃO NA MESA

Olhe aí no centro da sua mesa. O que fazem esses livros que o ameaçam com o fogo do inferno, diabos de forca na mão, caveiras da morte predizendo seu futuro, listas de pecados mortais e veniais atazanando seu sono, páginas de preceitos sine qua non enchendo sua mente de escrúpulos e complexos de culpa, dedos ameaçadores para os que esqueceram o endereço do templo?

COMPROMISSOS SOCIAIS ENCHEM A SUA MESA

É você um desses que se sentem obrigados a aceitar todos os compromissos e convites sociais? Então, dois dias antes entra em pânico para saber que traje vai usar. No dia, percebe que sua agenda se comprometeu com dois eventos ao mesmo tempo. Pede a Deus para ter um clone, mas não é ouvido. Então, pensa uma solução, enquanto descobre que o sapato não combina com a roupa.

AINDA MAIS COISAS NA MESA

Já sei que nem consegue olhar para a ponta da mesa, onde se acumulam pencas de contas a pagar. São pesadelos que dormem com você, levantam com você e se transformam em encostos durante todo o santo dia.

Não tem vontade de fugir, mudar de nome e esquecer o inesquecível? É fácil fazer dívidas, duro é pagá-las. Mas, também, não é isso que roubará sua paz e saúde. Solução? Claro que existe.

ANTES DE VIRAR A MESA

Antes de virar a mesa, lembre que seu nome é honestidade. Rasgar as contas não lhe dará paz e sossego. O descaminho não leva ao caminho. Também não adianta querer esquecê-las, elas correm atrás de si, como encosto insuportável.

Organize o enxugamento das dívidas de acordo com suas reais possibilidades,

antes de virar a mesa.

ESSE NAMORO QUE NÃO ATA E NEM DESATA?

*H*á namoros e noivados que não existem mais e a pessoa teima em segurá-lo. Muitas vezes, as famílias dele e dela se entrelaçam a ponto de constranger um rompimento de namoro ou noivado, que só existe de fachada. Se você está nessa situação, saiba que a escolha é sua e não da família. Crie coragem, vire a mesa e decida a sua vida e o seu futuro. Aja agora para não sofrer depois.

E ESSA BEBIDA QUE JÁ LHE RENDEU ACIDENTES?

*E*u sei, todo mundo sabe, que você pode parar quando quiser. Só que o vício não quer. Em cima dessa mesa imaginária estão suas garrafas e copos. Na hora de virar a mesa, derrube garrafas, copos, gelo, latinhas e tudo o mais. Deixe que quebrem para sempre. Viver dentro da garrafa não é para uma pessoa do seu feitio, com esse talento, com tantos sonhos na vida.

ATÉ A DROGA ESTÁ NA MESA

Talvez você não queira virar a mesa porque lá no cantinho estão suas drogas irresistíveis. É fácil entrar, difícil sair. Há pessoas que acham tudo simples, dizem que se drogam só quando querem, param quando querem, mudam de conduta quando bem o desejarem, só que na realidade já estão vencidos, sem rumo, abúlicos, magros, envenenados. É isso que você quer?

PRAZER E ÊXTASE

Quem é que não deseja viver o prazer da vida, sentir eflúvios extasiantes, viajar no carrossel de sonhos coloridos? Mas, quem disse que o caminho é a droga? A droga alterna prazer com depressão, sonhos com frustrações, euforia com desencanto, poder com miséria, domínio do mundo com isolamento doentio. Pode discordar, o problema é seu.

AS DROGAS DA FELICIDADE

Endorfina, oxitocina, dietilamina, dopamina, serotonina, quantas substâncias prazerosas existem no seu organismo que substituem com vantagem, de forma salutar e mais prazerosa, essas drogas externas!

Esporte, caminhadas, turismo, sol, praias, idealismo, sexo, atividade dos sonhos, amizades, meditação, enfim há muitas maneiras positivas e saudáveis de desencadear prazeres.

DECIDIU VIRAR A MESA

Antes de virar a mesa, pare pra pensar: por que eu quero mudar os rumos da minha vida?
O que me incomoda nessa situação?
O que é que desejo mudar?
Eu posso mudar?
Ficarei mais feliz?
É o caminho da minha autorrealização?
Causarei injustiças a alguém?
Posso vencer os prejuízos?

SEGUNDA REFLEXÃO

*D*epois de resolvido, ou resolvida, a virar a mesa, vem uma questão fundamental: Para onde vou?

O que vou fazer?

Conto com apoio ou consigo dar a volta sozinho?

Tenho forças e coragem para iniciar com sacrifício?

Medidos os prós e contras, sua decisão de virar a mesa será o início do melhor futuro, tenha a certeza.

MEU APOIO

Conte com meu apoio. Não há coisa pior do que viver sem eira nem beira.

Que coisa mais desagradável arrastar dia após dia sem perspectiva nenhuma!

Você não foi criado por Deus para coisa nenhuma, muito menos para viver amarrado a um poste de torturas.

Levante seu ânimo.

Lembre-se: você existe para ser feliz.

GRANDE GESTO HEROICO

Gostaria de dizer-lhe que são poucas as pessoas que conseguem virar a mesa e começar nova vida. Umas acham que devem obrigação, outras têm medo de revanche, outras pensam que poderão ser abandonadas, mais algumas ficam na mesmice porque não querem incomodar. E têm aquelas que não querem se incomodar e acabam se incomodando o tempo todo.

AINDA NÃO VIRE A MESA

Tem algum dinheirinho guardado para esse início? Alguns pertences?

Antes de dar o golpe fatal na mesa, alinhave seu futuro, principalmente seus primeiros passos: nas horas de folga saia a encontrar casa ou apartamento para alugar ou comprar. Procure trabalho de autorrealização. Quem procura acha – dizia o Mestre.

OUSADIA E FÉ

A tentação,
numa situação dessas,
é pedir um cantinho na casa de
alguém. Ficar dependente não
parece bom início.
Se guardou algum dinheiro,
encontre casa para morar, seja
comprada ou alugada.
Começar com sacrifício é o
primeiro capítulo de todas as
pessoas de sucesso.
As dificuldades são degraus que
lhe trarão enorme orgulho.

AGORA VIRE A MESA

Agora sim está tudo pronto para virar a mesa. Pegue a força do Sansão, a sagacidade de Davi contra Golias, o arranco de Josué derrubando os muros de Jericó, a intrepidez de Napoleão, a bravura de Cesar e dê um trancaço vigoroso na mesa das suas complicações.

Raaaachtimbum!

Que barulho infernal! Não é para menos. O que havia de bagulho, só Deus sabia!

E AGORA?

Pois, agora é momento de festejar. Quando se tomam atitudes para melhorar a vida, é bom motivo para celebrar. Faça um brinde à sua conquista. Um gesto radical desses é festa para erguer monumento! Parabéns à sua força interior! Percebeu que você é muito mais do que se imaginava? Comemore a vitória da sua autoestima e a descoberta do seu poder de decisão.

NÃO VIRE ESTÁTUA DE SAL

*D*iz a bíblia que a mulher de Lot, ao deixar a cidade que ia ser consumida pelo fogo, olhou para trás e virou estátua de sal.
Olhe para frente.
O passado foi para o lixo.
O caminho que tem diante de si já é o bastante para ocupar sua mente.
Importa agora reviver os ideais e sonhos que jaziam no fundo da gaveta à espera de dias melhores.
Chegou seu grande dia.

TUDO DESTRAVADO

O pior passou.
O que travava sua vida foi-se para o beleléu. Maravilha!
Que bom que você teve a coragem de dar esse passo tão importante!
Significa sua libertação das amarras.
Fantástico o espadaço de misericórdia que desferiu na sua autodepreciação!
Liberdade ainda que tardia – eis o lema de Tiradentes e demais libertários.

NÃO LEVE JUNTO MÁGOAS

*U*m dos grandes erros de muita gente é sair da desgraça, vencer na vida, alcançar lugar ao sol, mas ficar sempre remoendo mágoas. Ressentimento rouba a alegria da conquista e gera doença.

Aceite que foi graças a essa caminhada anterior que você adquiriu conhecimentos e experiência, viu o que não era bom, optou pelo melhor e agora está fazendo seu próprio caminho.

SEM COMPLEXO DE CULPA

Agora que você enceta nova vida, por favor não fique se condenando pelos erros e nem lamentando pelo que poderia ter feito para abrir seu próprio caminho.

A bíblia lhe diz carinhosamente: *"Não sejas muito severo para contigo, nem te envergonhes de tua queda". (Ec 4,22)*

Chorar o leite derramado não é boa filosofia de vida. É perda de energia e de tempo.

ENTÃO FAÇA A SUA VIDA

*M*uito bem, você transformou decisão em ação. Agora siga em frente. Não vire estátua de sal, já recomendei. Nem fique com saudades das cebolas do Egito, expressão que vem da bíblia. O sol está nascendo, as flores desabrochando, os caminhos estão abertos, há um pedaço de chão seu, muito seu! As portas do mundo estão escancaradas. Você agora tem o direito de contemplar as noites estreladas.

COMECE

Esse é o primeiro dia da sua vida.
Renasceu.
Parabéns.
Sorria pela grande façanha.
Está com uma mão na frente,
outra atrás? E daí?
A liberdade de pensar, escolher,
sorrir, chorar, sair, voltar, há algo
mais gostoso?
O passarinho tem comida e
abrigo na gaiola, mas abra a
portinhola e veja se ele não sai a
voar o voo da liberdade.

SOLTEIRO? CASADO? COM FILHOS?

Quando falo no masculino, estou usando linguagem genérica. Vale tanto para ele quanto para ela. Tanto um quanto outro pode estar nessas situações e necessidades. Tanto um quanto outro tem sonhos, esperança, vontade de subir, ambição de ser alguém. Tanto um quanto outro quer ser feliz, encontrar espaço para celebrar a vida. A vida é dom pessoal, intransferível.

PODE CHORAR

Vai surgir algum momento em que as coisas não andarão conforme seu roteiro de felicidade. Talvez volte para casa e se atire na poltrona desabando em choro convulsivo. Chore, que faz bem. É a válvula de escape de emoções dolorosas e improdutivas. Após as lágrimas, o céu voltará a ser azul. Pense que tudo vale a pena, quando a alma não é pequena, como diz aquele ditado.

A fé é sua grande força.

VOCÊ NÃO É EXCEÇÃO

O que pode estar acontecendo com você, nesse momento, também aconteceu com imenso número de pessoas que hoje são felizes, bem-amadas e bem-sucedidas.

O importante é fazer do limão uma limonada. Aproveite as pedras que barram seu caminho para construir sua casa. Não seja exigente demais consigo mesmo. Devagar se vai ao longe. Tudo vai dar certo. Amanhã é outro dia.

CONFIE EM DEUS

Agarre-se em Deus. Ele é seu refúgio. É sua força. Sua Luz. Sua riqueza. Sua proteção.

Por pior que esteja sua situação momentânea, lembre-se que Deus tudo pode. Não criou você para sofrer. Ele disse que jamais daria uma pedra a quem lhe pedisse pão; jamais daria uma serpente a quem lhe pedisse um peixe.

É bom confiar num Ser superior que se apresentou a você como Pai.

ACREDITE

O Mestre disse: *"Tudo que pedirdes ao Pai, com fé, Ele vo-lo dará"*. Nem poderia deixar de dar, já que é Pai. Mas, é preciso ir ter com Ele e falar dos problemas e desejos.

O receber depende do pedir. Eis aí o poder da oração. É conversa afetuosa e confiante de filho para Pai. Pedir é um ato livre, dar é uma resposta consequente.

Esse é o fator essencial da sua fé.

VOCÊ PODE

Deus é o Poder; você, como filho, tem o poder de Deus. É por isso que não só pode como deve fazer a sua vida conforme seus sonhos. Mesmo que tenha saído da sua fase danosa de mãos abanando, você saiu com o principal: o poder de autorrealização. Estipule sua meta, defina seus desejos, acredite que sua palavra tem poder, e vá em frente. Esse é o caminho.

COMO FARÁ A SUA VIDA

Faça a sua vida – diz o título
dessa obra.
Fazer a vida é ser dono de si.
Fazer a vida é ter confiança em si
e no seu destino.
Fazer a vida é acreditar que tudo
depende somente de si.
Fazer a vida é buscar o melhor
para si.
Fazer a vida é olhar o mundo
com fé e otimismo.
Fazer a vida é plantar e colher os
frutos dos seus desejos.

MAR DE ROSAS

A vida é mar de rosas?
– Nem tudo – dirão filósofos e pensadores.
– É mar de rosas – digo-lhe eu – desde que use óculos cor-de-rosa. O mundo exterior é sempre visto e analisado através dos olhos da mente. Jesus já dizia para colocar o reino dos céus no coração e a vida seria felicidade. Nós somos o que pensamos. Para os positivos e otimistas, tudo converge para o melhor. Esta é a Lei da vida.

NÃO HÁ MAIS TROPEÇOS?

Tudo depende de interpretação. Se você acredita em si e no seu caminho, tropeços e pedras e imprevistos e dificuldades têm outro nome: são detalhes que conduzem ao seu destino grandioso. Os grandes homens e mulheres excepcionais venceram porque seguiram os rastos de seus ideais. Galgaram vales e montes e bosques com o coração em festa, sabendo que o caminho se faz caminhando.

A VIDA QUE PEDIU A DEUS

*P*ois é, há várias formas de *ouvir* a frase acima.
Exemplo:
"A vida que pedi a Deus".
"A vida que pedi, adeus".
"A vida que pedia, Deus".
O primeiro sente-se feliz com a vida que pediu a Deus.
O segundo não acredita mais na vida que sonhou.
O terceiro se queixa a Deus por não alcançar a vida que pedia.

FAÇA A SUA HISTÓRIA

*D*eus lhe deu uma missão e investiu-a de prazer, alegrias e realizações benfazejas.
A realização dos seus sonhos pessoais nada mais é que entrar em sincronia com a história que Deus traçou para você. Nesse estágio, tenha a certeza de que a sinfonia humano-divina executará a melodia da sua história grandiosa na Terra.
Dê glórias ao Infinito, porque tudo dará certo.

DEUS SÓ FAZ A PARTE DELE

Será que você não está esperando que essa sintonia com o Infinito fará com que Deus aja em você? Não estará se considerando mero instrumento? Um violino nas mãos do maestro?
Lembre-se: Deus lhe dá as nozes mas não as quebra para você. Deus lhe dá os dentes, mas não engole por você.
O seu caminho é seu caminho. Faça a sua vida, que aí está sua autossatisfação.

AGRADEÇA

Que trajetória fantástica está ocorrendo na sua vida! Agradeça cada dia ao Deus do seu destino e da sua felicidade.
Guarde no coração o nome dele, pois é bom invocá-lo sempre, principalmente nas tempestades. Estar sob a proteção e a guia do Senhor é a melhor coisa que você pode fazer. Ninguém tem tanta sabedoria para orientá-lo, nem tanto poder para ajudá-lo, como Deus. Anote esse nome.

ENTÃO FIQUE COM DEUS

*F*oi um prazer estar com você até aqui. Vi sua vida cheia de problemas e vi sua determinação de virar a mesa de uma vez por todas, assim como acompanhei seus passos rumo à sua Terra Prometida. Não estou me perguntando se isso já é verdade ou está em vias de sê-lo. Mas, profetizo-lhe o prenúncio de que está começando o melhor da sua existência. Beijos do *Lauro*

ÍNDICE

À MARGEM

Lauro Trevisan está lançando uma coleção de várias obras nesse formato e estilo.

O PODER DA PALAVRA

Uma obra que ensina o segredo das palavras poderosas e criadoras. 64 p.

FELIZ ANIVERSÁRIO

Ofereça este livreto ao aniversariante. Vale como cartão, mensagem e belo presente inesquecível. 36 p.

VESTIBULAR

Saiba Como Passar

Ensina o segredo para enfrentar o vestibular e concursos com sucesso. Não é quem sabe mais que passa, mas quem tem mais calma. Veja os métodos. 93 p.

O PODER DA FÉ

Esta obra contém o segredo que mudará sua vida. A fé move montanhas, cura, faz milagres, tudo alcança. Aprenda a usar essa Força todo-poderosa. Existem vários tipos de fé. Veja aqui aquela fé de que falava Jesus que tudo alcança.70 p.

O PODER CONTRA O MAL

Não fique travado ou assustado com ameaças de bruxos, mau-olhado, despachos, etc. Veja aqui como livrar-se e proteger-se do mal. 50p.

A ORAÇÃO QUE TEM PODER

Você sabe que nem todas as orações alcançam o que é desejado. Você, com certeza, ora muito. Mas, sabe orar de verdade? Veja, nesta obra, a oração que tem Poder.